AF459415

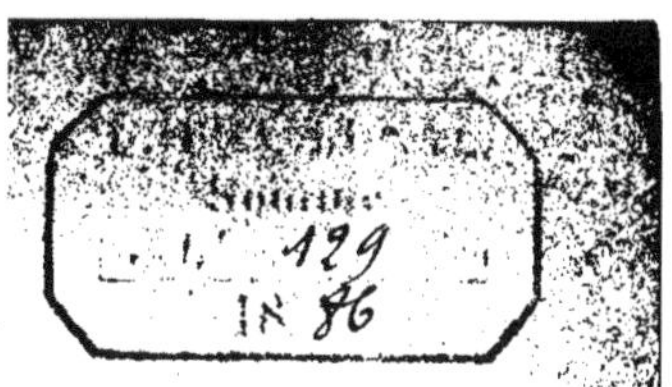

A LA MÉMOIRE

DE

M. EUGÈNE MENNECHET

CONSEILLER A LA COUR D'APPEL D'AMIENS

PRÉSIDENT DE LA SOCIÉTÉ D'HORTICULTURE DE PICARDIE

MDCCC 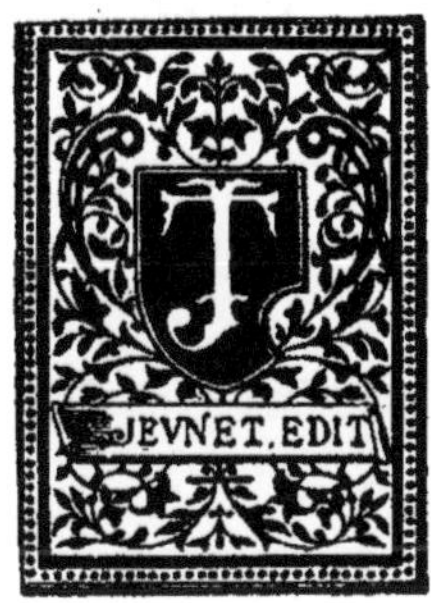 LXXXV

AMIENS

IMPRIMERIE ET LITHOGRAPHIE T. JEUNET

45, RUE DES CAPUCINS

M. Eugène MENNECHET.

A LA MÉMOIRE

DE

M. EUGÈNE MENNECHET

CONSEILLER A LA COUR D'APPEL D'AMIENS

PRÉSIDENT DE LA SOCIÉTÉ D'HORTICULTURE DE PICARDIE

MDCCC  LXXXV

AMIENS

IMPRIMERIE ET LITHOGRAPHIE T. JEUNET

45, RUE DES CAPUCINS

A LA MÉMOIRE

DE

M. EUGÈNE MENNECHET

La mort de M. Eugène Mennechet a donné lieu à une touchante manifestation de sentiments de profonde estime et de chaleureuse sympathie. Sa vie a été retracée avec talent et autorité dans les quatre discours prononcés sur son cercueil. Ses parents, ses amis, tiendront à conserver ces hommages suprêmes rendus à sa mémoire et les articles nécrologiques qui lui ont été consacrés.

M. Eugène-Alexandre Mennechet est né à Saint-Quentin le 29 Juin 1821. Il appartenait à une famille de robe. Son père était avocat à Saint-Quentin; son aïeul paternel avait été Procureur du roi à la maîtrise des eaux et forêts de Laon.

Il n'avait pas encore deux ans lorsqu'il perdit son père. Il fut élevé par sa mère dont la tendresse entoura son enfance de soins dévoués et pour laquelle il conserva toujours un véritable culte.

Son aïeul maternel, M. Desjardins, sous l'œil duquel se passa son enfance et dont il aimait à rappeler les sages conseils, a joué un rôle important dans la cité Saint-Quentinoise dont il a été l'une des gloires.

Avocat au Parlement de Paris, pourvu d'un bailliage en 1788, M. Desjardins fut élu, par l'Assemblée départementale de l'Aisne, commissaire du directoire exécutif près le Tribunal de police correctionnelle de Saint-Quentin, et plus tard, par arrêté du premier Consul en date du 1er Février 1800, Président du Tribunal civil. Des qualités éminentes d'homme et de magistrat le désignaient à ces importantes fonctions, qu'il remplit avec une haute distinction pendant 37 ans et qu'il ne quitta qu'après avoir senti l'atteinte de l'âge et reconnu l'affaiblissement de ses forces.

M. Eugène Mennechet commença ses études au collège de Saint-Quentin qui portait le nom de Collège des Bons-Enfants, *Collegium Bonorum Puerorum*, suivant l'inscription qu'on lisait sur la porte. A partir de 1835, il les continua à Amiens, où il trouvait comme un second père dans son oncle M. Desjardins, conseiller à la Cour depuis 1811. Il avait été placé dans le pensionnat dirigé par M. Lenoel et suivait les cours du Collège où il acheva, en 1840, ses études classiques que vint couronner le diplôme de bachelier ès lettres.

A Saint-Quentin comme à Amiens, il sut se créer des amitiés durables. La droiture de son âme expansive, le charme de son esprit enjoué lui attiraient ces affections des premières années qui agrandissent la famille et dont l'agrément embellit toute l'existence. Il fut toute sa vie fidèle à ses amis de collège, et lorsqu'en janvier dernier sa santé ne lui permit plus d'assister au banquet des anciens élèves du Lycée d'Amiens, c'est par les lignes suivantes qu'il en témoignait ses touchants regrets :

Amiens, le 2 Janvier 1885.

« Monsieur et cher Camarade,

« Je m'empresse de vous exprimer le profond regret « que j'éprouve de ne pouvoir assister à la réunion de « famille de mes anciens camarades du Lycée d'Amiens; « je n'y manquais jamais et il faut que la maladie me « retienne chez moi pour que je ne sois pas des vôtres; « j'avais tant de plaisir à retrouver là quelques-uns de mes « condisciples dispersés, mais que je n'ai jamais oubliés: « à vous tous, j'adresse l'assurance de ma profonde « sympathie et de mon dévouement. »

« Votre vieux camarade. »

Eugène MENNECHET,

Élève de quatrième en 1835; un demi-siècle seulement.

Le demi-siècle n'avait point effacé chez lui le souvenir de ce bon temps où l'on aime sans calcul, où on se livre tout entier, où les amitiés, contractées sous l'empire d'une mutuelle et franche sympathie, se fondent sur une connaissance parfaite des caractères. M. Mennechet avait conservé avec un soin pieux tout ce qui se rattachait à cette époque de sa vie et gardé jusqu'aux Palmarès jaunis qui rappelaient ses succès et ceux de ses camarades. C'était pour lui un bonheur d'en feuilleter parfois les pages en compagnie de quelque viel ami de collège et de faire revivre ainsi les jours heureux de la première jeunesse.

Par la nature de son esprit M. Mennechet, était tourné

vers les études littéraires plutôt que vers les sciences. Il aimait les beaux vers et le beau langage. Son imagination était vive et il lisait beaucoup. L'histoire était pour lui pleine d'attraits. Les ingénieuses fictions du théâtre et du roman avaient le don de le passionner. En même temps il appliquait un rare esprit d'observation à l'étude de l'histoire naturelle. Révélant ainsi dès le collège les aptitudes qu'il devait développer plus tard, et des facultés d'artiste qui s'alliaient à un esprit naturellement judicieux.

Le vœu de sa famille le destinait à la Magistrature. Il fit ses études de droit à la faculté de Paris et, reçu avocat en 1844, il accomplit son temps de stage à la Cour de la même ville.

Les six ou sept années qu'il passa ainsi à Paris comme étudiant et comme avocat stagiaire, laissèrent dans sa vie une trace profonde. Sans négliger aucun des devoirs qu'exigeait sa préparation à la carrière qu'il devait embrasser, il avait su se créer dans le monde des lettres et des arts des relations qui développèrent son goût pour les choses de l'esprit.

Les circonstances l'y avaient aidé. Un de ses parents, M. Edouard Mennechet, ancien lecteur des rois Louis XVIII et Charles X, auteur d'ouvrages nombreux et estimés, tenait un salon où se réunissaient les hommes de lettres les plus renommés.

Chez un autre de ses parents, M. Alphonse Mennechet, à qui ses connaissances en peinture et ses riches collections ont valu une grande notoriété et dont la femme, excellente musicienne, était un compositeur distingué, il rencontrait les peintres et les musiciens célèbres de cette époque.

Il se trouvait ainsi en contact avec les hommes les plus éminents, parmi lesquels il suffit de citer Victor Hugo et Ambroise Thomas. Ce commerce avec les gens de lettres et les artistes dont la France était fière, était pour le jeune homme ardent et enthousiaste d'un charme tout puissant. Il se sentait dans son élément. Il y trouvait à satisfaire ses aspirations intimes. Tout semblait le convier à suivre lui-même la carrière des lettres pour laquelle il avouait sa prédilection. Il y eut trouvé l'aide, les conseils, l'appui de puissants protecteurs qui s'étaient pris d'affection pour sa nature sympathique, et qui lui eussent ouvert toutes grandes des portes dont il est, pour tant d'autres, si difficile de forcer l'entrée. Maître de sa fortune, car il avait perdu sa mère, possédant une très large aisance, il eût pu d'ailleurs attendre sans impatience que sa réputation fût établie. Ce n'est point sans regrets qu'il renonça à se faire un nom dans le monde des lettres. Mais il eut la sagesse de résister au mirage de perspectives bien séduisantes pour la jeunesse, et le courage de faire le sacrifice de ses nobles ambitions à des considérations qui exercèrent toujours sur ses résolutions un empire décisif. Le vœu de sa famille était pour lui chose sacrée. Il était destiné à la magistrature. Il devait, dans une carrière moins brillante que celle des lettres, servir utilement son pays, et marcher sur les traces de son aïeul vénéré.

Le 15 Janvier 1847 il fut nommé juge suppléant à Abbeville, dans le ressort de la Cour à laquelle appartenait son oncle M. le conseiller Desjardins.

M. Mennechet trouvait à Abbeville pour Président du siège un magistrat des plus distingués, dont le coup d'œil exercé reconnut bien vite en lui les qualités solides qui devaient assurer au jeune suppléant une place de choix dans les rangs de la magistrature ; la rectitude en même temps que la promptitude de l'esprit, la sûreté du coup d'œil et la décision.

Après cinq années de suppléance, M. Mennechet fut nommé, le 14 Juillet 1852, juge titulaire au même siège et conserva ces fonctions jusqu'au 18 novembre 1860 date de sa promotion à Amiens.

Il a ainsi passé près de 14 années à Abbeville où il a été apprécié comme il le méritait par tous ceux qui l'y ont connu, et qui l'ont vu à l'œuvre, non seulement dans l'exercice de ses fonctions judiciaires mais dans les divers emplois qu'il donnait à son activité.

Il avait en effet compris de bonne heure qu'il pouvait rendre à ses concitoyens des services de plus d'une sorte. Entraîné par son goût pour le beau, poussé par le besoin de faire le bien, il se dépensait volontiers en des œuvres diverses. C'est ainsi qu'on le vit accepter les fonctions de membre de la Commission du Musée, de membre de la Commision de surveillance de l'Ecole de dessin, de membre de la Société d'émulation, de membre du Conseil de fabrique de l'Eglise Saint-Vulfran. Il s'intéressait vivement à la conservation et à la restauration de ce monument de l'art gothique. Son esprit largement ouvert trouvait plaisir aux recherches archéologiques comme aux productions artistiques.

D'autre part son ferme et pratique bon sens le portait à l'étude des meilleures méthodes d'agriculture. Il était membre du Comice agricole d'Abbeville.

Ce n'était pas seulement dans le cercle restreint de l'arrondissement d'Abbeville que M. Mennechet s'était acquis une notoriété déjà considérable. Il était connu dans les hautes sphères administratives comme très entendu notamment en certaines branches particulières d'agriculture.

Indépendamment du goût des fleurs qui fut toujours très vif chez lui et qui l'avait fait entrer dès 1853 dans la Société d'Horticulture de Paris, il avait celui des bonnes races d'animaux domestiques. Il était particulièrement convaincu de l'importance que la basse-cour doit avoir dans une exploitation agricole bien entendue. Il faisait partie, depuis sa création, de la Société d'acclimatation de Paris et de celle des agriculteurs de France.

Le Ministre de l'Agriculture et du Commerce le désignait chaque année pour faire partie du jury d'examen dans les concours régionaux du Nord de la France, et dans le concours d'animaux qui se tenait à Paris. Il se signalait dans ces fonctions par une compétence incontestée et par l'impartialité absolue qui était dans les habitudes de son caractère non moins que dans celles de sa profession.

Cette activité intellectuelle qui le sollicitait à ne pas se renfermer dans les travaux judiciaires, à se mêler au monde qui travaille, qui produit, qui crée le beau et l'utile, ne contribuait pas peu à développer en lui et à fortifier les qualités qui font le magistrat. Il trouvait dans le contact des hommes mille occasions de les étudier, de se rendre compte des choses de la vie, de connaître les pratiques du Commerce et de l'Agriculture et augmentait chaque jour le fond de connaissances variées et d'expérience pratique qui lui permettait d'asseoir ses jugements sur la base des réalités humaines.

A la fin de 1860, il obtint un avancement mérité et fut nommé juge au Tribunal d'Amiens.

Voici en quels termes le Journal l'*Abbevillois* appréciait le magistrat que perdait la ville d'Abbeville :

« Tout en félicitant M. Mennechet de l'avancement si « mérité qu'il vient d'obtenir, qu'il nous soit permis « d'être l'interprète des regrets aussi vifs qu'unanimes « que nous avons entendu exprimer sur son départ de « notre ville. Intelligence élevée, jointe à un esprit net et « lucide, cœur droit et généreux, allié à un caractère « ferme et indépendant, nature franche et loyale, telles « sont les brillantes qualités qu'il nous avait été donné « d'apprécier pendant les quatorze années que ce ma- « gistrat est resté parmi nous. »

M. Mennechet retrouvait à Amiens des amitiés que vingt ans d'absence n'avaient point refroidies. Et à ses anciens camarades de collège allaient se joindre tous ceux que le charme de son commerce, la gaieté de son caractère, l'enjouement de son esprit, l'agrément de sa conversation, la bonté de son cœur, attirèrent bientôt autour de lui.

A Amiens, plus encore qu'à Abbeville, il trouvait l'occasion d'exercer les facultés précieuses dont il était doué.

Le désir d'être utile, le besoin de faire le bien sont les mobiles qu'on retrouve constamment en lui. Il ne voulut rester étranger à aucune œuvre de véritable utilité sociale.

On trouve son nom sur la liste des membres de la Société industrielle d'Amiens, de la Société de Secours mutuels, de la Société des Amis des Arts, de la Société

Linnéenne du Nord de la France, du Tir Amiénois, du Sport Nautique, de diverses Sociétés musicales.

Esprit libéral, soucieux de la nécessité de répandre largement l'instruction, il fut un des membres actifs de la Société d'encouragement de l'instruction primaire par la méthode d'enseignement mutuel. Il fit partie de son Conseil d'administration et deux fois il en fut élu le vice-président. Appelé en cette qualité à prononcer le discours de distribution des prix en 1875, il donna aux jeunes élèves des conseils empreints de la sagesse de son esprit tout à la fois élevé et pratique. Aux garçons, il recommande avec insistance l'étude du dessin, indispensable au succès de l'art et de l'industrie amiénoise : aux filles, le travail à l'aiguille et les soins matériels que comporte la bonne tenue de l'intérieur d'une maison : à tous, l'amour du travail, l'ordre, la modestie et le sentiment du devoir.

Le 2 Juin 1861, il avait été reçu membre de la Société d'Horticulture de Picardie à laquelle il devait bientôt attacher son nom par les plus durables liens.

L'année suivante, en effet, il fut élu président de cette Société qui comptait alors près de vingt années d'existence. M, le comte de Gomer, en l'installant le 15 Mars 1863, rendait hommage à « son zèle intelligent, ses connaissances en horticulture et son esprit de justice. » Ce n'étaient point de vains compliments. M. Mennechet le prouva par la manière dont il s'acquitta de ses fonctions de président. Aussi chaque année, pendant 22 ans, lui furent-elles maintenues par l'élection et il les remplissait encore à sa mort. M. Richer a rappelé, dans le discours qu'on lira plus loin, les services considérables que M. Mennechet a rendus à cette Société dont il était pour ainsi dire devenu la personnification. Elle doit entre autres choses à ses actives et persévérantes démarches, le décret qui la reconnut établissement d'utilité publique. C'est surtout à son intelligente activité qu'elle doit l'organisation de ses nombreuses, brillantes et utiles expositions ; de ses concours entre les jardiniers qui se distinguent par leur travail, leur intelligence, leur bonne conduite et leur attachement à leurs maîtres ; et l'institution d'encouragements donnés à l'enseignement théorique et pratique de la culture maraîchère et de l'arboriculture.

Ce qui caractérise en effet l'action de M. Mennechet dans cette Société c'est un esprit éminemment pratique qui s'alliait en lui aux goûts de l'artiste. On le voit en même temps s'enthousiasmer pour la floriculture « dont « le domaine s'est étendu par l'introduction et la natu- « ralisation de magnifiques végétaux exotiques, » et pour l'horticulture « qui est devenue une science et un art. » Pour lui le jardinier paysagiste « qui transforme et crée « les parcs et les jardins est un véritable artiste ».

Mais en même temps qu'il se préoccupe de demander à la terre « les jouissances » qu'elle peut procurer, il se préoccupe aussi de lui demander « les richesses » qu'elle renferme. On le voit signaler à la Société, « comme but « pratique, le développement de la culture maraîchère, si « importante près d'Amiens dont les marais étaient autre- « fois stériles et sans valeur, » s'applaudir « de ce qu'on « cultive mieux et de meilleures espèces de fruits et de « légumes que par le passé » insister sur les avantages « des expositions qui ne sont pas seulement une source « de plaisir pour l'amateur, mais qui sont aussi une « source de bénéfices pour l'horticulteur marchand en « initiant à la connaissance de produits nouveaux ».

Ce n'était pas seulement par ses sages conseils, son

intelligente et fructueuse direction qu'il venait en aide à ceux qui font leur gagne-pain de la culture maraîchère dans les environs d'Amiens.

Voici ce qu'on lit dans le *Journal d'Amiens* du 14 Juin 1885 :

« M. Mennechet, dont nous déplorons la perte, ne « possédait pas seulement les qualités de l'esprit, il avait « aussi celles du cœur.

« Un jour il rencontre un hortillon qu'il avait connu à « la Société d'Horticulture. L'air abattu du maraîcher le « frappe, il le questionne et apprend que le pauvre « homme, ruiné par les hautes eaux de la Somme, « n'a pu payer le loyer de ses terres et qu'il va rece- « voir congé.

« M. Mennechet l'engage à prendre courage et lui « promet de voir son propriétaire pour tâcher de fléchir « sa rigueur. Le lendemain l'hortillon recevait, par la « poste, quittance de ses arrérages. Il se remit au travail « avec ardeur, la prospérité revint dans sa maison et, « chaque année, au mois de Septembre, le digne homme « revêtait un jour ses plus beaux habits et allait offrir « à son bienfaiteur, qui ne voulut jamais entendre « parler de remboursement, la primeur de sa récolte de « raisin.

« Cette belle action est l'une des nombreuses que l'on « pourrait citer, au sujet du regretté président de la « Société d'Horticulture de Picardie. »

Les services si divers et si importants que M. Mennechet

rendait à son pays ne pouvaient manquer d'attirer sur lui de justes récompenses. Le 11 Août 1869, il reçut la croix de la Légion d'honneur.

Le 14 Février 1865, il avait été nommé Vice-Président du Tribunal d'Amiens, et chargé à ce titre de la direction de la Chambre correctionnelle. Il s'y fit remarquer par la netteté de son esprit, une sagacité qui ne laissait rien dans l'ombre et une fermeté qu'il savait allier à un grand fonds de bienveillance.

Le 12 Janvier 1867, il avait été nommé conseiller à la Cour d'Amiens.

Il apporta dans ses fonctions de conseiller tout l'acquis d'une expérience déjà longue des affaires judiciaires, civiles et criminelles, la fermeté de son caractère indépendant, la droiture de son cœur, la lucidité de son esprit net et positif. Ce lettré ne se payait pas de mots. Il pénétrait au fond des choses et au fond des cœurs. Son clairvoyant regard y découvrait promptement la vérité et dans un langage bref et précis, il savait exprimer les raisons déterminantes de ses appréciations.

Les cruels événements de 1870 affligèrent profondément son cœur. Homme de devoir et de dévouement, patriote ardent, il montra alors toutes les vertus du citoyen.

Lorsque les blessés de Sedan furent évacués sur Amiens, il convertit sa maison en ambulance et prodigua ses soins et ses secours aux malheureuses victimes de la guerre.

Plus tard, l'ennemi vainqueur marche sur Amiens.

Le Conseiller à la Cour revêt l'uniforme du garde national et donne à ses camarades l'exemple du sang-froid et du courage. M. Janvier raconte l'anecdote suivante dans une notice qu'il a lue, le 11 Août 1885, à la Société des Antiquaires de Picardie.

« Lorsque dans la nuit du 22 Octobre, par l'ordre du « général Paulze d'Ivoy, l'alerte donnée à l'improviste « réunissait sur les boulevards toute la force armée « d'Amiens, M. Mennechet citait à ses camarades de « rang, comme encouragement au devoir à remplir, « l'exemple de Saint-Quentin, repoussant avec ses seules « ressources, l'apparition des premières hordes alle- « mandes, et me rappelait à l'oreille ces paroles de « l'inscription du Victorin Santeuil, gravée sur la façade « de sa maison commune : »

« Furit hostis, et imminet urbi.
« Civis murus erat. Satis est sibi civica virtus. »

Mais la ville d'Amiens devait succomber après tant d'autres. La bataille du 27 Novembre décida de son sort. Le lendemain l'armée française se retirait vers le nord et la garde nationale était désarmée. Il fallut subir les douleurs et humiliations de l'invasion.

M. Mennechet eût alors l'occasion de montrer combien il était resté attaché au pays de sa naissance. Voici ce que raconte M. Poette dans le *Guetteur de Saint-Quentin* du 12 Juin 1885.

« C'est à Amiens, au mois de Décembre 1870, alors « que nos départements étaient envahis par les armées « allemandes, que nous pûmes apprécier le dévouement

« de M. Mennechet pour ses compatriotes. Enlevé par « les Prussiens comme otage de la ville de Saint-Quentin, « avec notre collègue et ami M. Henri Souplet, et « enfermés tous deux dans la citadelle d'Amiens, nous « reçûmes, aussitôt notre arrivée, la visite de notre « honorable compatriote. S'efforçant par tous les moyens « possibles d'adoucir les ennuis de notre captivité, « M. Mennechet nous visitait tous les jours, et nous « donnait des nouvelles de la France, de la ville de « Saint-Quentin, de nos collègues de la Commission « municipale, de nos familles et des mouvements de « l'armée allemande. Il voyait le général de Manteuffel, « le général Sperling, le général Duchêne de Ruville et « leur demandait tour à tour la mise en liberté de ses « amis de Saint-Quentin. »

Le même dévouement dont il avait fait preuve pour ses compatriotes de Saint-Quentin, il le montrait quelques mois plus tard pour ses concitoyens d'Amiens. Par ses soins, par ses démarches, les cultivateurs de la ville et des environs obtenaient leur juste part des graines envoyées par diverses Sociétés étrangères à ceux qui avaient le plus souffert de l'invasion.

Cette triste époque laissa dans son âme des traces profondes. Elle restait toujours présente à sa pensée. Dans la séance du 20 Août 1871, il disait à la Société d'horticulture :

« Les malheurs de la patrie nous auront fait comprendre « la nécessité du travail et le sentiment du devoir. « L'énergie de la lutte est un garant de l'avenir de la

« société française. Redoublons d'efforts pour regagner « le temps perdu et réparer les désastres qui ont affligé « notre belle et bonne Picardie. »

Lorsqu'en 1872, il entra dans la Société des Antiquaires de Picardie, le sujet qu'il choisit pour son discours de réception, l'occupation de Saint-Quentin en 1814 par les armées alliées, atteste encore l'impression produite sur lui par l'invasion qu'il avait subie.

« Quand tout enfant, disait-il en terminant sa péro-« raison, j'entendais raconter cette légende, elle me « semblait de l'histoire déjà bien ancienne. Je la croyais « exagérée et j'étais persuadé que nous n'en ferions jamais « de pareille. Malheureusement il n'en était pas ainsi, et « 56 ans plus tard, Saint-Quentin a revu, comme nous, « ces terribles ennemis que nous devions croire bannis « pour toujours du sol de la France, pour laquelle ils « ont été plus impitoyables encore qu'à l'époque dont « je vous ai parlé, et quelqu'un pourra venir un jour « vous retracer ici quelques pages non moins vraies, « non moins tristes que celles que je viens d'esquisser. »

On peut s'étonner que M. Mennechet n'ait pas été plus tôt admis dans la Société des Antiquaires de Picardie. Tout l'y conviait. Il était collectionneur des vieilles et belles choses. Ses livres, ses tableaux, ses faïences, ses meubles attestaient le goût exercé d'un connaisseur et les connaissances d'un érudit. Déjà il était membre de la Société de numismatique et d'archéologie dont le siège est à Paris, de la Société de la Flandre Wallonne à Douai, de la Société française d'archéologie fondée par M. de Caumont et actuellement présidée par M. de Marsy.

Mais il avait peu écrit et ne se croyait pas assez de titres pour entrer dans la savante Société. Il fallut, pour triompher des résistances de sa modestie, les sollicitations réitérées de ses amis qui le rassurèrent en disant « que « beaucoup devaient être jugés tout autant par ce qu'ils « peuvent faire que par ce qu'ils ont fait ».

En 1879 à Lille, où l'appelaient ses fonctions de membre du jury d'un concours régional, il fut victime d'un grave accident qui eût pu lui coûter la vie. Sous l'action d'un vent violent, un portique s'écroula au moment même où M. Mennechet le franchissait. Par un bien heureux hasard il ne fut que blessé, gravement il est vrai; mais après quelques mois de soins il se rétablit et put reprendre l'exercice de ses fonctions judiciaires auxquelles il est toujours resté fort attaché et que ses autres occupations ne lui firent jamais négliger.

En 1883, il fut atteint de la double affection du cœur et de la poitrine à laquelle il devait succomber. Pendant longtemps il parvint, à force de soins et de précautions, à enrayer le mal dont il ne se dissimulait point la gravité. Les médecins lui avaient conseillé le climat du midi, mais il lui en coûtait trop de s'éloigner de ses nombreux amis dont les visites assidues adoucissaient pour lui l'espèce de captivité à laquelle la maladie le condamnait. Grâce à eux, il continuait à s'intéresser aux occupations ordinaires de sa vie et notamment aux travaux du palais dont il ne lui était plus permis de suivre régulièrement les audiences.

Un moment on put espérer qu'il sortirait victorieux de l'épreuve à laquelle il était soumis : sa santé parut se rétablir. Mais au commencement d'Avril 1885 des congestions pulmonaires, qui se succédèrent rapidement, ne permirent plus l'espoir. Il vit sans défaillance la mort s'approcher. Il régla lui-même, avec le soin qu'il apportait à toutes choses, les dispositions à prendre pour ses funérailles. Fidèle à de pieuses traditions de famille, il demanda les secours de la religion, et animé de la foi du chrétien il en reçut les consolations suprêmes.

Il s'est éteint le Mardi 9 Juin 1885, vers 3 heures du soir, sans agonie, sans souffrance, ayant gardé jusqu'à la fin toute son intelligence et sa lucidité d'esprit.

Les extraits suivants des journaux d'Amiens et de Saint-Quentin font connaître les sentiments avec lesquels fut accueillie la triste nouvelle de sa mort. Ils contiennent le compte rendu de ses obsèques et reproduisent les quatre discours prononcés, suivant son désir, à Amiens et ensuite à Saint-Quentin, où les restes de cet homme de bien reposent dans le caveau de sa famille.

MÉMORIAL D'AMIENS

du 10 Juin 1885.

« Nous apprenons avec un profond regret la mort
« de M. Mennechet, conseiller à la Cour d'Appel,
« président de la Société d'Horticulture, qui a succombé
« cette après-midi à la douloureuse maladie qui le tenait
« alité depuis longtemps.

« Les qualités de M. Mennechet sont connues de tous;

« nombreux sont les services éminents qu'il a rendus,
« tant dans la magistrature qu'à la Société qui l'avait
« choisi pour président, et nous sommes certain qu'il
« sera unanimement regretté de tous. »

JOURNAL D'AMIENS

du 11 Juin 1885.

« La ville d'Amiens vient de faire une très grande « perte en la personne de M. Mennechet, conseiller-« doyen à la Cour, mort dans la journée de mardi, à la « suite d'une longue et cruelle maladie. »

« M. Mennechet était chevalier de la Légion d'honneur « depuis 1869. Comme président de la Société d'Hor-« ticulture de Picardie, il jouissait d'une très grande « considération auprès des membres de cette Société « qui, chaque année, le confirmaient dans ses fonctions « présidentielles, quoique l'état de santé le tînt éloigné « de leurs travaux depuis plus d'un an. Par reconnais-« sance, ils n'avaient pas voulu se séparer de lui. C'est « en effet à M. Mennechet que la Société doit l'éclat « dont elle bénéficie aujourd'hui. Il la fit connaître au « dehors, organisa les belles Expositions horticoles dont « on n'a pas perdu le souvenir, transféra le jardin « d'expériences à Henriville, provoqua la reconnaissance « d'utilité publique, contribua puissamment enfin à « l'augmentation du nombre des sociétaires et au « développement de la prospérité de cette excellente « institution.

« Si M. Mennechet était sincèrement dévoué à son « œuvre, il éprouvait aussi le besoin de se rendre utile à

« quiconque venait faire appel à ses lumiéres et à son « expérience. Son esprit large, son aménité de carac- « tère lui avaient concilié de nombreux et solides « amis dont les témoignages ne feront pas défaut « vendredi. »

ÉCHO DE LA SOMME

du 11 Juin 1885.

« Nous avons le regret d'apprendre la mort de « M. Eugène Mennechet qui a succombé aujourd'hui aux « suites de la cruelle maladie dont il souffrait depuis « longtemps.

« M. Mennechet était conseiller à la Cour d'Appel « d'Amiens et il appartenait à plusieurs sociétés artis- « tiques et savantes de notre ville. Aussi rien ne lui « était étranger dans ce qui constitue le mouvement « intellectuel d'une grande cité. Cependant c'est à la « Société d'horticulture dont il était le président, depuis « plus de vingt ans, qu'il avait consacré le meilleur de « ses facultés et de ses loisirs. Cette institution lui doit « beaucoup, et, si elle le remplace, elle ne l'oubliera « jamais.

« Le regretté défunt ne comptait, du reste, à Amiens, « que des amis. Aussi, la nouvelle de sa mort y a-t-elle « excité une douloureuse émotion. »

JOURNAL DE SAINT-QUENTIN

du 12 Juin 1885.

« Nous avons le regret d'apprendre le décès arrivé à « Amiens, le Mardi 9 Juin, de M. Alexandre-Eugène « Mennechet, conseiller-doyen à la Cour d'Appel d'Amiens, « chevalier de la Légion d'honneur.

« M. Eugène Mennechet appartenait à l'une des « plus anciennes familles de Saint-Quentin, et par ses « traditions à la magistrature du pays ; son père avait été « avocat à Saint-Quentin ; son aïeul maternel, M. Eléonore « Desjardins, après avoir été aussi avocat, avait été « président du Tribunal civil de Saint-Quentin pendant « près de 40 ans (du 12 messidor an VIII au 6 décembre « 1837).

« Son neveu, M. Guérard, occupe encore en cette ville avec distinction les fonctions de juge d'instruction.

« M. Eugène Mennechet a suivi la carrière de ses » ancêtres. Juge suppléant à Abbeville, juge, puis vice- « président et conseiller à la Cour d'Appel d'Amiens, il « s'est fait remarquer par son zèle et son savoir dans « ses fonctions et par l'aménité et la sûreté de ses « relations.

« Il se regarda toujours comme un enfant de Saint- « Quentin, qu'il n'oublia pas dans ses dispositions de « bienfaisance. Aussi a-t-il voulu que sa dépouille « mortelle reposât au milieu de ses compatriotes et « des membres de sa famille. »

GUETTEUR DE SAINT-QUENTIN

du 12 Juin 1885.

« Nous annonçons avec le plus profond regret la mort « de notre compatriote, M. Eugène Mennechet, Conseiller « à la Cour d'appel d'Amiens, Chevalier de la Légion « d'honneur, Président de la Société d'Horticulture, et « membre de la Société des Antiquaires de Picardie.

« M. Eugène Mennechet a succombé mardi, à trois « heures de l'après-midi, aux suites de la maladie qui « le minait depuis quelques années.

« C'était un excellent cœur, un caractère des plus « droits, un homme d'une loyauté des plus parfaites.

« Obligé, par les devoirs de la magistrature qu'il « exerçait si dignement, de résider à Amiens, il resta « toujours attaché de cœur à Saint-Quentin, sa ville « natale. Il y revenait passer ses loisirs au milieu de sa « famille, et à chaque voyage, il se faisait un devoir de « visiter les nombreux amis qu'il avait au milieu de nous, « et qui tous avaient pour lui la plus vive affection.

« L'affection et le dévouement de M. Mennechet pour « ses compatriotes sont bien connus dans notre ville. « L'honorable magistrat était la personnification même « de la tolérance politique et religieuse. Il ne s'inquiétait « jamais de ce que faisaient ou pensaient ceux qui « s'adressaient à lui. Il prodiguait ses conseils et ses « services à tous, avec le même zèle et le même désir « d'être utile. Il suffisait d'être Saint-Quentinois pour « trouver en lui un compatriote des plus dévoués.

« On verra, par la liste des libéralités que nous « publions plus loin, que M. Mennechet n'a pas oublié « sa ville natale dans ses dispositions testamentaires.

« Nous connaissions tout particulièrement M. Men« nechet depuis l'époque de la guerre franco-allemande, « et nous avions pour lui la plus vive affection. Aussi, « est-ce avec un sentiment de profonde douleur que « nous avons appris sa mort par une lettre que nous a « adressée son neveu, l'honorable M. Guérard, juge « d'instruction au Tribunal civil de St-Quentin.

« Aujourd'hui que notre dévoué compatriote n'est « plus, nous voulons, en lui disant un dernier adieu, et « en rendant ici hommage à sa mémoire, offrir à son « neveu et à sa famille l'expression de nos plus sincères « condoléances.

JOURNAL D'AMIENS

du 13 Juin 1885.

« Aujourd'hui ont eu lieu, en présence d'une très « nombreuse assistance, les obsèques de M. Mennechet, « conseiller-doyen à la Cour d'Amiens, président de la « Société d'Horticulture de Picardie, membre de la « Société des Antiquaires de Picardie, etc., etc.

« Les cordons du poêle étaient tenus par M. Coquil« liette, président honoraire du Tribunal civil, M. Le« maire, conseiller à la Cour, M. Grenier, avocat-général, « et le docteur Richer, vice-président de la Société « d'Horticulture de Picardie.

« Derrière le cercueil qui était couvert de magnifiques « couronnes, venait, portée par deux horticulteurs, celle « dont nous avons parlé hier, et qui était parfaitement « digne du regretté président, qu'un long cortège d'amis « allait conduire à sa dernière demeure.

« En tête, marchait la Cour en robes, précédée de « M. le premier président Dauphin et de MM. les « présidents Daussy et de Vaulx d'Achy ; puis venaient « MM. Melcot, procureur général, entouré des membres « du parquet d'Amiens, Obry, président du Tribunal « civil, suivi d'un grand nombre de magistrats, Anatole « Hubault, président du Tribunal de commerce, Cirou, « commandant du 8me bataillon de Chasseurs, Laurent, « secrétaire général de la Préfecture, Dausse, vice-pré- « sident du Conseil de Préfecture, Decaix-Matifas et « Pinchemel, adjoints au Maire, Lorgnier, bâtonnier des « avocats, et beaucoup de ses confrères; Ponche, Eugène « Gallet, présidents d'honneur de la Société industrielle « et membres de la Chambre de Commerce, Bagneris, « conseiller à la Cour de Paris, d'Arcangues, inspecteur « du Chemin de fer du Nord, Babled, ancien procureur « général, Langlois, conseiller de Préfecture honoraire à « Paris, Fouquier, secrétaire général du Conseil d'État, « Henri de Favernay, Legrand, ancien greffier en chef « du Tribunal civil de Lille, de Marsy, président de la « Société d'Archéologie, Desjardins, ancien magistrat, « Damoisy, notaire honoraire à Saint-Quentin, enfin une « foule de notabilités de toute sorte qu'il nous est impos- « sible d'énumérer, mais dont la présence attestait la « place que le défunt avait occupée dans notre cité.

« Après le service religieux et avant d'être déposé dans « la chapelle qui devait le recevoir en attendant le départ

« du train pour Saint-Quentin, le cercueil a été transporté « hors de l'église Saint-Martin, sur le terre-plein de l'un « des bas-côtés. Là, en présence d'une foule émue, « M. Dauphin a tracé en ces termes le plus vivant por- « trait de l'honnête homme que la ville d'Amiens vient de « perdre. »

DISCOURS DE M. DAUPHIN.

« Messieurs,

« La Cour d'appel d'Amiens adresse un dernier adieu au magistrat qui était son doyen par le temps des services, mais dont l'âge ne faisait pas pressentir la perte.

« M. Eugène-Alexandre Mennechet est né à Saint-Quentin, le 29 Juin 1821, dans une famille attachée depuis plusieurs générations et par plusieurs de ses branches à la magistrature et au barreau.

« Il fut nommé juge-suppléant à Abbeville le 15 Janvier 1847, juge au même siège le 14 Juillet 1852, juge à Amiens le 10 Novembre 1860, vice-président du Tribunal d'Amiens le 14 Février 1865, conseiller à la Cour le 12 Janvier 1867.

« Dès ses débuts, à Abbeville, M. le président Durand le signalait comme devant avoir le caractère et l'esprit du magistrat.

« A Amiens, où nous l'avons surtout connu pendant 25 années, il tint parole à son premier répondant.

« Il avait la mesure, la décision, le calme au milieu des passions des hommes, presque l'indifférence de ces passions. Inaccessible à la flatterie et à l'intrigue, peu facile à duper par l'étalage de beaux sentiments, il ramenait froidement tout à la vérité pratique ; et animé d'une foi sincère qui l'a soutenu dans ses derniers moments, mais assez sceptique vis-à-vis des hommes, il ne constatait l'honnêteté qu'à bon escient.

« Sa qualité dominante était la clarté, dans sa conscience comme dans son intelligence. Il voyait clair dans les faits, dans les cœurs, dans les raisonnements ; il voyait clair surtout en lui-même ; prompt à former son opinion, bref à l'exprimer dans le délibéré, il ne courait ni après sa pensée, ni après sa parole et la formule qui résolvait le procès, apparaissait précise et simple, dégagée de toutes les considérations de détail et de personnes.

« Sa plus grande affection, après celles de la famille, était pour ses fonctions, pour la magistrature ; on pourrait dire qu'il professait pour elle une sorte de culte, qui, comme tous les cultes, regrettait parfois ou au moins aimait à rappeler les traditions solennelles du passé, mais, comme tous les cultes aussi l'enchaînait à ses devoirs et à la régularité du travail.

« Et cet homme, qui parlait avec respect du temps où son aïeul, le président Desjardins, chargé en 1808 de réorganiser le pouvoir judiciaire à Saint-Quentin, se rendait à travers les rues au Palais de Justice en robe précédé de son huissier et salué bas par ses justiciables, avait cependant compris, autant et mieux que personne, que la magistrature moderne doit vivre de la vie commune et entrer intimement dans le mouvement et les relations familières du monde. Il se mêlait à toutes choses et à tous, s'occupait d'arts, des belles-lettres, de concours régionaux d'agriculture, d'œuvres locales ; recherchant les occasions de se rendre utile et d'apporter partout sa part d'activité et de charme affable et d'une aimable gaîté, il avait recueilli parmi nous et hors du Palais toutes les sympathies et de solides amitiés.

« Ce n'est pas oublier que je parle au nom d'une compagnie que de confondre dans une même expression de tristesse et de regrets le magistrat qui laisse un vide difficile à combler et l'ami qui, lui, ne pourra jamais être remplacé. »

Ensuite M. le docteur Richer, vice-président de la Société d'Horticulture de Picardie, a rendu à son président le juste hommage qui suit :

DISCOURS DE M. RICHER.

« MESSIEURS,

« Je viens au nom de la Société d'Horticulture de Picardie déposer sur la tombe de M. Eugène Mennechet, son regretté président, un affectueux et suprême adieu.

« Une voix très éloquente vient de vous dire ce qu'il fut comme homme et comme magistrat ; je veux donc me borner à vous rappeler les services qu'il a rendus à notre Société qu'il a tant aimée.

« Il entra dans la Société d'Horticulture en 1862, et le

7 Décembre de la même année il fut élu président. Depuis cette époque jusqu'à ce jour, c'est-à-dire pendant 23 ans ses collègues, par d'unanimes suffrages, l'appelèrent au poste d'honneur et de labeur qu'il a occupé jusqu'à sa mort. Pendant la longue et grave maladie qui l'empêcha de présider nos séances, il n'en conserva pas moins, pour le plus grand bien de notre Société, la direction de nos travaux et la haute administration de nos affaires. C'est qu'en effet, sa volonté avait conservé toute son énergie et son esprit n'avait rien perdu de sa lucidité et de l'autorité que lui avait donnée l'expérience. Si la maladie avait affaibli le corps, elle semblait avoir redoublé, s'il est possible, les sentiments affectueux et dévoués qui l'attachaient à notre compagnie.

« M. Mennechet ne fut pas seulement le président toujours respecté et obéi de nos séances, il fut avant tout l'administrateur, l'organisateur, le tuteur de notre Société. Ses grands bienfaits nous les devons en partie, suivant moi, à la sagesse de notre règlement. Nos statuts, en permettant sa réélection indéfinie, lui donnèrent les moyens d'apporter dans la direction l'unité et l'esprit de suite indipensables à toute Société. Aussi a-t-il élevé la nôtre à un degré de prospérité, d'activité et de bonne confraternité dont nous sommes d'autant plus reconnaissants qu'il est assez rare dans les institutions de ce genre.

« Quand M. Mennechet fut appelé à la présidence et à la direction de la Société d'Horticulture, elle avait 22 ans d'existence. Ses débuts, comme toujours, avaient été difficiles, ses ressources étaient modestes, ses membres peu nombreux, ses subventions rares. Le premier soin du Président fut d'augmenter ses revenus en attirant à elle de nouveaux sociétaires. Par son influence personnelle, il obtint de la Ville et du Département des subventions en argent, et de l'État une subvention importante plus des dons de médailles. Grâce à ces libéralités, il put, de bonne heure, organiser des expositions qui attirèrent vivement l'attention de nos concitoyens et amenèrent de nouveaux adhérents.

« La première eut lieu dès l'année 1863 et surpassa aisément celle qu'on avait vue pour la première fois à Amiens en 1835. Ce premier essai fut installé sous le péristyle de la Bibliothèque. Il eut pour organisateur M. Duflot et pour exposants quatre jardiniers dont on nous a conservé les noms, ce furent Lequet père, les deux Wachy et Duroselle.

« En 1864, 1865, 1867, de nouvelles expositions de plus en plus brillantes attirèrent à la Société les sympathies du public et un nombre toujours croissant de sociétaires. Bientôt la publication d'un bulletin, l'envoi de délégués aux expositions des autres Sociétés, la demande de jurés étrangers pour juger les nôtres, établirent entre les Sociétés voisines et la nôtre des rapports qui tournèrent au grand avantage de nos horticulteurs.

« Tant de succès, obtenus au prix des plus grands et des plus persévérants efforts, attirèrent l'attention du gouvernement qui ne tarda pas à les récompenser en accordant en 1869 la croix de la Légion d'honneur à M. Mennechet, président de la Société d'Horticulture de Picardie.

« Dans la séance du 10 Octobre 1869, à M. D'Hangest qui lui adressait les félicitations de l'Assemblée M. Mennechet répondit avec modestie qu'il reportait l'honneur qui lui était fait sur tous les membres de la Société, et que, loin d'y voir un motif de repos, il y trouvait une invitation à travailler avec une ardeur de plus en plus grande au développement et à la prospérité de la Société.

« Vous savez, Messieurs, si M. Mennechet a tenu parole. Non content d'organiser plus de *vingt* expositions se surpassant en magnificences et dont le public a conservé le souvenir, il institua d'utiles conférences et créa un jardin pour la plantation, le choix, la direction et la taille des arbres fruitiers. Ce jardin, installé d'abord dans un terrain communal prêté gracieusement par la Ville, dut être supprimé par suite des transformations et des embellissements de la Petite Hotoie. Mettre la Société chez elle en jouissance d'un terrain convenable, y installer ses cultures et ses collections était un problème que rendait difficile la modicité de ses ressources. Tous les obstacles furent vaincus, grâce aux démarches de notre zélé président.

« Vers la même époque, un cours théorique et pratique d'horticulture vint compléter les leçons de taille ; le tout fut confié à un professeur distingué.

« Enfin, Messieurs, pour couronner l'œuvre et la vie de notre bien cher Président, il restait à procurer à notre institution un titre, un privilège capables de lui assurer une durée, une stabilité définitives ; il restait à la faire reconnaître d'utilité publique Il y parvint à force de démarches et grâce à son influence personnelle.

« Ce droit de recevoir des legs, en nous permettant d'augmenter nos ressources, affermira notre marche dans la voie du progrès.

« Pour mettre le comble à ses bienfaits, notre bien regretté Président a, dans ses dispositions testamentaires, légué une somme de 12,000 fr. à la Société d'Horticulture de Picardie.

« J'abuserais, Messieurs, des courts instants qui doivent nous réunir autour de son cercueil, et je manquerais au respect dû à sa mémoire si j'insistais sur ses sentiments de bienveillance, de charité et de générosité, et si je parlais des misères et des infortunes qu'il a soulagées avec tant de délicatesse et de discrétion. Je ne dirai donc pas combien de nos sociétaires ont trouvé près de lui des conseils affectueux, des secours abondants et discrets.

« Adieu donc, cher et vénéré Président, soyez sûr que tous les membres de cette belle Société d'Horticulture, que vous avez tant aimée, soyez assuré que tous ces cœurs loyaux, francs et sincères qui furent tous vos amis, garderont de votre mémoire un long et pieux souvenir. »

« Le discours de M. Richer n'a pas seulement obtenu « l'approbation de tous ceux qui ont vu M. Mennechet « à l'œuvre, il a encore provoqué dans la foule un « touchant témoignage d'adhésion. Comme M. Richer « parlait des misères et des infortunes que M. Mennechet « a soulagées avec tant de générosité, de délicatesse « et de discrétion, nous entendons partir l'exclamation « suivante d'un groupe de femmes dont la tenue était « des plus modestes et qui avaient l'air de boire les « paroles de l'orateur : « Oh ! pour ça, c'est bien vrai ! » « Nous ne pouvons malheureusement pas traduire l'accent « de sincérité avec lequel ont été dits ces simples mots, « qui complètent bien le discours de M. le docteur « Richer. »

« Conformément aux intentions exprimées à sa famille « par M. E. Mennechet, conseiller doyen à la Cour « d'appel d'Amiens, il est fait, à l'occasion de son décès, « les *dons* suivants. C'est par erreur que nous nous « sommes servis hier du mot de *legs :* »

« 1° 12,000 fr. à la Société d'Horticulture de Picardie ;

« 2° 2,000 fr. au Bureau de Bienfaisance d'Amiens ;

« 3° A l'Administration des Hospices de Saint-Quentin « un béguinage complet ;

« 4° A la Fabrique de l'Église basilique de Saint-« Quentin, 2,500 fr. ;

« 5° Au Bureau de Bienfaisance, 2,000 fr. ;

« 6° Aux Petites-Sœurs des Pauvres, 2,000 fr. ;

« 7° A la ville de Saint-Quentin, pour l'École de « dessin de De La Tour, 2,000 fr. ;

« 8° A l'Association amicale des anciens élèves des « Collège et Lycée de Saint-Quentin, 1,000 fr. »

GLANEUR DE SAINT-QUENTIN

Du 14 Juin 1885.

« Ce matin ont eu lieu, à la Basilique, au milieu d'une « grande affluence, les obsèques de notre vénérable et « regretté concitoyen M. Eugène Mennechet, conseiller « à la Cour d'Amiens, chevalier de la Légion d'honneur, « président de la Société d'Horticulture de Picardie, « membre de la Société des Antiquaires, décédé mardi « dernier dans sa 64e année.

« M. Eug. Mennechet était aimé et estimé de tous ; sa « bonté, sa serviabilité, la loyauté de son caractère lui « attiraient tous les respects et toutes les sympathies et, « malgré l'éloignement, il gardait toujours au cœur une « affection profonde pour Saint-Quentin, pour la terre « natale dans laquelle il va reposer.

GUETTEUR DE SAINT-QUENTIN

du 14 Juin 1885.

« Une foule considérable a conduit ce matin à sa « dernière demeure notre regretté concitoyen, M. Eugène « Mennechet, conseiller à la Cour d'appel d'Amiens.

« Toutes les notabilités de la ville de Saint-Quentin et « des environs se trouvaient au milieu du cortège funèbre. « Nous citerons : MM. Malézieux, sénateur et vice-« président du Conseil général de l'Aisne ; Ed. Que-« quignon, conseiller général et maire de Grugies ; « L. Lefebvre, conseiller général du canton de Moy ; « Gilbert-Boucher, sous-préfet de Saint-Quentin ; Ducau-« roy, secrétaire général de la Préfecture de l'Aisne ; « Fouquier, maître des requêtes et secrétaire du Conseil « d'État ; des membres du Conseil d'arrondissement ; des « magistrats de la Cour d'Amiens, les magistrats du « Tribunal civil et du Parquet de Saint-Quentin, les « Avoués, les Avocats, les Huissiers et les Greffiers des « Tribunaux, les Notaires, les Juges de paix des cantons « de l'arrondissement de Saint-Quentin ; des magistrats « en exercice et d'anciens magistrats du ressort de la

« Cour d'Amiens, parmi lesquels nous citerons M. Fou-
« quier, procureur de la République à Péronne, M. Er.
« de Chauvenet, ancien président du Tribunal civil de
« Saint-Quentin ; MM. Babled et Coquillette, et beaucoup
« d'autres anciens magistrats. Les membres de la Muni-
« cipalité, la plupart des Conseillers municipaux de Saint-
« Quentin ; MM. Ch. Querette et Souplet, anciens
« membres de la Commission municipale de 1870-71,
« anciens adjoints au maire de la ville, et amis intimes de
« M. Mennechet, suivaient aussi le cercueil qui renfermait
« la dépouille mortelle de notre digne et dévoué conci-
« toyen.

« Le cercueil, sur lequel se trouvaient les divers insi-
« gnes de l'honorable magistrat, était couvert de fleurs.

« Une délégation de la Société d'Horticulture d'Amiens
« portait une splendide couronne de roses blanches.

« Les employés des pompes funèbres portaient égale-
« ment d'autres couronnes en très grand nombre, offertes
« par la famille et les amis de M. Mennechet.

« Les cordons du poèle étaient tenus par MM. Daussy,
« président de Chambre à la Cour d'Amiens ; Dequin,
« conseiller à la même Cour ; Sébline, Préfet de l'Aisne,
« et notre concitoyen M. Pierre Bénard, ancien membre
« de la Commission municipale de Saint-Quentin de
« 1870-71, conseiller municipal, ancien adjoint au maire
« de la ville de Saint-Quentin, membre de la Société
« amicale des anciens élèves du Collège et du Lycée de
« Saint-Quentin, et ami particulier de M. Mennechet.

« Le deuil était conduit par M. Guérard, neveu du
« défunt, et juge d'instruction au Tribunal civil de Saint-
« Quentin.

« Au cimetière, les deux discours suivants ont été

« prononcés sur la tombe, l'un par M. Daussy, et l'autre « par M. Bénard, que M. Mennechet dans ses dernières « dispositions avait désignés pour lui adresser un dernier « adieu. »

DISCOURS DE M. DAUSSY.

« Messieurs,

« Celui dont la tombe va se fermer fut le camarade de mon enfance, le condisciple de ma jeunesse, le collègue de mon âge mûr, l'ami de toute ma vie.

« Il y a un demi-siècle, au collège d'Amiens, nous nous rencontrâmes sur les mêmes bancs. Depuis lors jusqu'à ce moment de la séparation fatale, nous ne nous sommes point quittés. Dès le premier jour, une attraction sympathique avait formé entre nous un de ces liens qui ne se brisent que par la mort.

« Dès le collège, Mennechet annonçait les heureuses dispositions d'un esprit naturellement porté vers le beau. A un âge où souvent on est tout entier à la joie de vivre, il savait oublier les jeux pour goûter le charme de beaux vers qui allumaient dans son cœur la flamme de l'enthousiasme. Ce qui, pour d'autres, n'était qu'un devoir de classe lui faisait éprouver des émotions d'artiste. On pouvait aisément pressentir en lui les aptitudes d'un littérateur.

« Heureux âge, vers lequel il aimait à reporter sa pensée, que celui où l'âme, dans toute sa fraîcheur, s'ouvre à la connaissance des choses humaines et se répand avec abondance sur mille objets qui l'enchantent.

Ces premières impressions ne s'effacent guère. Mennechet les avait ressenties très vivement, et les avait pieusement gardées. Il se plaisait à des retours sur l'époque de son épanouissement à la vie intellectuelle et redevenait jeune en parlant de nos jeunes années.

« Lorsque, plus tard, il fut appelé à Paris par ses études de droit, il y trouva l'occasion de donner satisfaction à ses goûts littéraires et il eut le bonheur, grâce à des relations de famille, d'entrer en commerce avec nos écrivains et nos artistes en renom, notamment avec le grand poète que la France vient de perdre. C'était l'époque où s'agitaient encore les querelles, alors si vives, aujourd'hui si complètement oubliées, des écoles adverses dont chacune prétendait régner dans la république des lettres. Mennechet suivait avec émotion ces luttes passionnées, mais la rectitude naturelle de son jugement l'empêchait de tomber dans leurs excès. Il avait horreur du parti pris, et partout où il trouvait le beau, il lui rendait avec une pleine indépendance l'hommage de son admiration.

« Peut-être, s'il n'eût écouté que son penchant et donné l'essor aux facultés dont il était doué, eût-il frayé sa voie dans le domaine des lettres. Il avait l'imagination vive, le tour heureux, la plume facile, l'esprit orné. L'indépendance de sa situation lui eût permis d'attendre l'heure du succès. Mais le vœu de sa famille l'appelait à une autre carrière et notre ami avait, on peut le dire, le culte de la famille. Il fit le sacrifice de ses aspirations, des espérances qui brillaient devant lui ; il renonça à devenir un littérateur et se contenta de demeurer un lettré.

« Ce fut un lettré d'un goût fin et délicat. On s'en apercevait bien vite dès qu'on franchissait le seuil de son hospitalière demeure. Il suffisait de jeter un regard sur ses livres, sur ses collections, ses objets d'art, pour reconnaître le choix d'un esprit d'élite, fortifié par d'abondantes et fructueuses lectures, exercé par un commerce constant avec les hommes de lettres et les artistes. Il aimait les beaux-arts, la musique, le théâtre, les fleurs, les vieilles choses, pourvu qu'elles ne fussent pas seulement vieilles ; il les voulait belles. Ce n'était point un savant ; sa modestie eût repoussé ce titre, mais c'était un homme de goût qui, sans le secours des méthodes rigoureuses, par une sorte d'intuition, savait apprécier sûrement les choses. Il possédait cette qualité qui prend le nom de goût en matière d'art, de tact dans la pratique de la vie, et qu'on appelle, d'une façon générale, le bon sens ; rare et merveilleuse qualité dont il était richement pourvu. Il avait le don de voir juste et de bien juger.

« Ce don précieux, il le porta dans l'exercice de sa profession de magistrat. Je ne veux point d'ailleurs, après ce qui a été dit hier, parler de sa carrière judiciaire ; mais dans ce pays de Saint-Quentin où son aïeul, le président Desjardins, a laissé d'ineffaçables souvenirs, il convient de rappeler qu'Eugène Mennechet a dignement continué les traditions qui sont l'honneur de sa famille.

« Quel cœur excellent ! ouvert à tout ce qui était grand, noble et élevé. Une belle pensée le remuait ; il s'enflammait pour une action courageuse ; contre une lâcheté il se soulevait d'indignation ; il était tout de feu pour le beau, rempli de passion pour le bien. Il battait d'un ardent amour pour la Patrie. Mennechet n'a jamais été l'homme d'un parti. Animé d'idées larges et libérales, mais étranger aux luttes politiques comme il l'était aux rivalités des écoles littéraires, il est demeuré simplement et profondément dévoué à son pays. Il était fier de ses gloires ; il fut désolé de ses malheurs. Ah ! comme il ressentit cruellement l'amertume de nos humiliations !

« Avec ce cœur si bon, si aimant, si droit, si loyal, si fidèle, comment n'eût-il pas été entouré de la sympathie universelle ?

« La bonté chez lui n'excluait pas la fermeté ; car le sentiment du devoir, dans cette âme généreuse, dominait tout.

« La bonté n'entamait point non plus la plénitude de sa franchise ; une verte et vigoureuse franchise, qui n'admettait point les transactions et dédaignait les détours. C'est ce qui faisait la sûreté de son commerce. Nul mécompte à craindre. Sa parole était toujours l'expression complète et sincère de sa pensée intime. Aussi garda-t-il constantes les nombreuses amitiés qui, nouées par le charme de son esprit et l'attraction sympathique de son cœur, lui restèrent fidèles grâce à la droiture de son caractère. Jusqu'à son dernier jour elles lui ont fait cortège. Pendant les longs mois de sa maladie il est rarement resté seul. On était toujours certain de rencontrer auprès de lui quelques-uns des amis dévoués qui le pleurent.

« Mais dans ce cœur, si largement ouvert à l'affection, il y avait une place de choix pour les amis de la première heure, pour les vieux camarades des jeunes années. J'avais le privilège de compter parmi ceux-là.

« Voyant s'approcher la mort, qu'il regarda en face avec le calme d'un sage et la résignation d'un chrétien, il régla les détails derniers de ses dispositions, et, d'une main, qui ne devait plus serrer la mienne, me traça la triste mission que je remplis en ce moment.

« C'est pour obéir au vœu de mon vieil ami, pour lui rendre ce dernier devoir, cher et douloureux devoir, que je dépose sur sa tombe, au nom de tous ceux qui ont aimé notre bon, notre excellent Mennechet, le tribut de nos cruels regrets, l'expression désolée de nos suprêmes adieux.

DISCOURS DE M. P. BÉNARD.

« Messieurs,

« Après l'hommage si mérité qu'une voix éloquente vient de rendre aux hautes qualités, à la science, à la sagesse du Doyen des Conseillers dont la Cour d'appel porte le deuil, nous venons remplir un pieux devoir d'amitié en honorant la mémoire de l'homme privé, ses vertus, son grand cœur.

« Eugène Mennechet était encore dans sa plus tendre enfance lorsque la mort lui enleva son père, avocat distingué au barreau de Saint-Quentin. Dans ce grand malheur, la Providence lui avait conservé deux génies tutélaires, son aïeul, le Président Desjardins, et sa mère, digne fille de cet éminent magistrat. Pendant que leur ferme et vigilante affection développait son âme, notre vieux Collège des Bons-Enfants donnait la culture à son intelligence. On était sous le principalat de M. Maupérin, un grand et généreux esprit, tout enflammé de l'enthousiasme des lettres, sans lesquelles, à ses yeux, il n'y avait pas d'éducation virile. C'est là que se formèrent pour Eugène Mennechet les amitiés les plus solides, parce que la bonté et la fidélité de son cœur lui attachaient indissolublement le cœur de ses condisciples. Ces amitiés ont traversé victorieusement toutes les épreuves, et le temps, loin de les affaiblir, les rendait plus vivaces.

« Le Collège de Saint-Quentin n'offrait pas alors des ressources complètes pour les hautes classes ; et pour couronner son instruction universitaire, Eugène Mennechet dut, en 1835, entrer au Lycée d'Amiens. Mais, s'il faut marquer à cette date l'époque où il cessa d'habiter notre ville, nous pouvons affirmer qu'il n'a jamais cessé d'être de cœur, et même réellement, notre concitoyen. Plusieurs fois, chaque année, nous l'avons vu revenir passer les plus longs jours possible dans son pays natal, sous le toit de cette ancienne maison de la rue du Petit-Paris, bâtie et décorée pour les mœurs rigides de la bourgeoisie du commencement du XVIIe siècle, et dont les portraits de famille, bien que sévères, avaient toujours pour lui des sourires caressants. Parmi ces portraits se détachait la vénérée figure du Président Desjardins, ce haut caractère, ce maître-homme qui rappelait les grands parlementaires de l'ancienne France. Chaque fois aussi, il venait serrer la main de ses amis, de ses anciens camarades, d'année en année, hélas ! moins nombreux.

« Pour les cœurs d'élite, les divergences d'opinion n'atteignent pas les affections, ou plutôt elles s'effacent ; elles ne sauraient altérer la sainte amitié, parce que celle-ci est fondée sur l'estime et la confiance mutuelle. Quels cœurs furent plus sincèrement attachés et plus profondément dévoués l'un à l'autre qu'Eugène Mennechet et Edouard Dufour ?

« Qu'il résidât à Abbeville comme juge, qu'il siégeât à Amiens comme conseiller à la Cour, il accueillait tous nos concitoyens avec une exquise affabilité, et mettait son bonheur à les obliger. Que de services il a ainsi rendus, que de reconnaissances il s'est acquises !

« Je dois ici rappeler un souvenir, quelque douloureux qu'il soit ; il se rattache à la lugubre année 1870 ; les deuils de la Patrie ne doivent jamais sortir du cœur ni de la mémoire. On était en décembre. Une troupe allemande avait exigé, sous peine de bombardement, que la Commission municipale de Saint-Quentin lui livrât deux de ses membres ; le sort tombe sur MM. Henri Souplet et Charles Poëtte. Cette troupe emmène ses ôtages à la citadelle d'Amiens. Eugène Mennechet apprend l'arrivée de son vieil ami Souplet et de son dévoué collègue. Aussitôt il court à la citadelle, sollicite et obtient un permis d'entrer, va chaque jour passer de longues heures auprès d'eux, adoucit, par tous les moyens que permettent leurs geôliers, la dureté de leur captivité, leur donne tous les encouragements et toutes les consolations que lui suggère son dévouement, fait taire sa répugnance à se mettre en contact avec l'ennemi, et sollicite du général von der Groeben, leur élargissement. Notre honorable sénateur, M. Malézieux, alors président de la Commission municipale, fut immédiatement délégué, et je lui fus adjoint, pour négocier avec les autorités allemandes la mise en liberté de nos collègues. Nous fûmes les témoins émus du dévouement admirable avec lequel Eugène Mennechet s'est dépensé, au milieu des glaces et des neiges, pendant les terribles journées de la bataille de Pont-Noyelle, alors que quiconque tentait d'approcher de la citadelle s'exposait au feu de ses remparts. »

« Si un demi-siècle semble un long espace pour celui qui commence à le parcourir, comme il se réduit bientôt à ce qu'il est réellement, à un raccourci d'instant, pour celui qui en atteint le terme ! C'est en 1835 qu'Eugène Mennechet a quitté Saint-Quentin, c'est en 1885 qu'il rentre dans sa ville natale ; et ce retour près des cendres de ses aïeux, il l'a voulu ; et ces funérailles, il les a prévues, il les a réglées ! Il a accepté la souffrance avec la stoïque résignation du sage ; il a vu s'approcher le moment suprême, il l'a accueilli avec la haute philosophie du chrétien ; il a franchi d'un pas ferme et le cœur plein d'espérances immortelles le seuil qui conduit d'ici-bas à cet Au-delà qui attend chacun de nous : c'est le signe des grandes âmes.

« La noblesse de son esprit éclate encore dans les libéralités qui marquent ses dernières volontés ; je ne parle ici que de celles qui s'adressent à la ville de Saint-Quentin ; l'amour des faibles et des déshérités par ses donations aux Hospices, au Bureau de Bienfaisance, aux Petites-Sœurs des Pauvres ; ses sentiments de confraternité et de solidarité, par celle qu'il affecte à l'Association amicale des anciens élèves du Collège et du Lycée de Saint-Quentin ; son intelligence élevée de la fonction civilisatrice de l'art et son culte des monuments qui font la gloire et la parure de cette cité, par les encouragements qu'il donne à la ville de Saint-Quentin pour l'école de dessin de de Latour, et à la Basilique pour les œuvres d'art qui s'y exécutent.

« Très cher et très regretté ami, au nom de tous nos camarades, anciens élèves du Collège et du Lycée, nous t'adressons le suprême hommage de notre douleur, de notre gratitude, de notre affection ! Cet hommage, nous l'adressons aussi à ta très honorable famille, qui a si bien compris et réalisé tes intentions généreuses ; nous la prions de recevoir l'expression de toute notre sympathie et de toute notre reconnaissance. »

www.ingramcontent.com/pod-product-compliance
Ingram Content Group UK Ltd.
Pitfield, Milton Keynes, MK11 3LW, UK
UKHW021033180726
13838UKWH00004B/1765